BIOGRAPHIE

DES FAMILLES

DE BUISSERET, DE CORNEMONT

ET

VERNIMMEN,

Par Raymond de Bertrand.

« Rien n'est plus capable de nous engager à
» bien vivre que l'exemple de ceux qui ont
» bien vécu. »

IMITATION DE J.-C., *livre 1, chap. 18.*

DUNKERQUE,

— IMPRIMERIE DE C. DROUILLARD, RUE DES PIERRES, 7. —

JUILLET 1845.

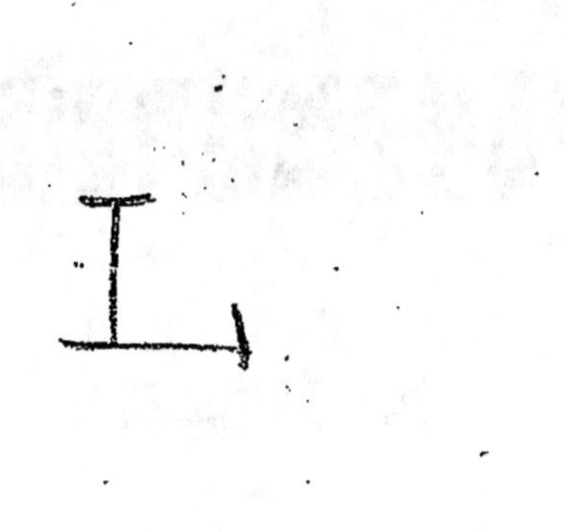

BIOGRAPHIE

DES FAMILLES

DE BUISSERET, DE CORNEMONT ET VERNIMMEN.

IMPRIMERIE DE C. DROUILLARD, RUE DES PIERRES, 7.

BIOGRAPHIE

DES FAMILLES

DE BUISSERET, DE CORNEMONT

ET

VERNIMMEN,

Par Raymond de Bertrand.

> « Rien n'est plus capable de nous engager à
> » bien vivre que l'exemple de ceux qui ont
> » bien vécu. »
>
> IMITATION DE J.-C., *livre 1, chap. 19.*

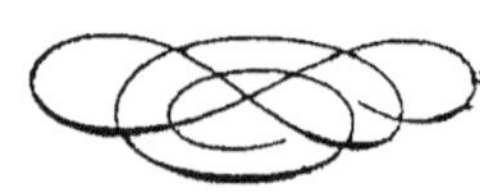

JUILLET 1845.

A Madame Clémence de Cornemont, religieuse
au Sacré-Cœur de Jésus-Marie, à Lille.

Ma bonne sœur,

Le petit livre que je viens d'écrire, n'est pas destiné à paraître dans le monde, mais il est uniquement consacré à conserver dans le sein de la famille, les faits et les gestes de nos aïeux. C'est la seule raison qui me permette d'oser vous en offrir la dédicace. Votre modestie ne pourra s'en offenser.

Accueillez donc, excellente sœur, avec la charité de votre âme céleste, la biographie des familles de Buisseret, de Cornemont et Vernimmen.

Lorsque j'ai commencé mon travail,* je me suis senti grandir le courage en pensant que je vous devais cet hommage par la reconnaissance que vous m'avez inspirée ; car vous savez maintenant, Clémence, que l'idée seule de votre sainte vocation, m'a naguère rappelé aux

---

*1er Février 1845.

devoirs de la religion, sans aucune influence étrangère et loin de votre personne. Ma reconnaissance vous était, au reste, déjà acquise : je n'oublierai jamais que votre intercession a sauvé mon fils de la mort en 1842.

Grâces vous soient rendues de nouveau pour vos prières au ciel qui ont produit sur mon fils et sur moi de si heureux résultats.

Recevez, bonne Clémence, l'expression de ma constante et fraternelle amitié.

DE BERTRAND.

Dunkerque, le 24 Juin 1845.

Biographie des de Buisseret.

BIOGRAPHIE

DES

DE BUISSERET.

La maison de Buisseret appartient à la plus ancienne noblesse des Pays-Bas autrichiens. Elle tire son origine des seigneurs de ce nom qui furent possesseurs, à une époque fort reculée, de la terre de Buisseret, située près de Seneffe, village à un demi-myriamètre de Nivelle en Belgique, et dont les descendants restèrent propriétaires jusque vers la fin du dix-septième siècle.

Le premier membre connu de cette illustre famille, fut

Robert de Buisseret et du Grand-Préau qui naquit au douzième siècle. Il épousa, en 1171, noble damoiselle Béatrix Caüchon de Léry.

Robert fit partie des cent hommes d'armes entretenus par les ordonnances de nos rois, ainsi qu'il est prouvé par un des anciens rôles dont parle le père Anselme, religieux de l'abbaye de Dommartin près d'Hesdin.

Il n'est pas inutile de donner ici quelques détails sur cette garde-d'honneur de nos rois. Rien n'est précis sur l'époque de sa création : elle se perd dans la nuit du temps. Quoiqu'il en soit, elle existait en 1108 sous le règne de Louis VI. Les cent hommes d'armes formaient un corps de cavalerie choisi parmi les guerriers les plus valeureux de noble extraction. Aussi les nommait-on les rois d'armes ; ils jouissaient de privilèges et d'exemptions sans nombre. Dans les marches et les détachements, ils restaient auprès du roi et défendaient sa personne lorsqu'elle était menacée de danger.

Sire de Buisseret servit dans la garde du roi Louis VII.

Un fils, qui fut chevalier, survécut à Robert : il avait nom Guy. Il épousa damoiselle Alix de Vandières. C'est tout ce que la tradition et les archives de la famille ont laissé sur sa personne. Il mourut à la fin du treizième siècle. Il eut un fils qui porta le même nom.

Guy second, marié à Jolande de Leniers, suivit la carrière des armes. Il fut tué en 1356 à la bataille de Poitiers, en défendant vaillamment le roi Jean que le sort des armes fit tomber au pouvoir des Anglais. Les cendres du sire de Buisseret gisent à Poitiers où ses descendants ont fait élever et entretenir une pierre tumulaire avec ses armoiries, qu'on voyait encore, sans nul doute, en 1793.

Robert, sire de Buisseret, second du nom, dont l'intrépidité passa en proverbe et fut souvent la terreur de ses ennemis, prit pour cri de guerre : *Attente nuit, de Buisseret.* Voulant faire entendre qu'il aimait mieux mourir que de ne pas voler aux combats. Sa femme, Eléonore de Briancourt, dame de Jumigny, et lui fondèrent un anniversaire dans l'église collégiale de Saint-Quentin où ils gisent sous une pierre décorée de leurs armes. Ils eurent deux fils : Etienne et Pierre.

Nous ne donnons pas la filiation de ce dernier qui fut grand-maître des eaux et forêts en Champagne, où il se maria. Nous nous contentons de dire que cette branche s'est alliée aux maisons de Saint-Simon–Vermandois , de Saintrailles, de Valence, de Buleux, etc. Leurs armoiries sont indiquées sous les nos 8, 9, 10 et 11, à l'arbre généalogique.

Etienne de Buisseret, seigneur de la Tour et de Jumigny, se maria à damoiselle Jeanne de Noyelle fille de Jean, comte de Noyelle, et de Jeanne de Mastaing, tous deux de vieille et bonne noblesse.

On dit que le fils de messire Etienne, Jean de Buisseret vendit la seigneurie de Jumigny qu'il possédait aux environs de Laon, du chef de son aïeule. Il n'était pas rare à cette époque que les seigneurs dussent se soumettre aux plus pénibles sacrifices ; eux qui avaient à supporter toutes les charges des guerres du continent et des croisades auxquelles peu d'entr'eux ne concouraient pas.

Il fut marié à Marguerite Floret dite de Glimes, et en eut un enfant qui fut nommé Collart.

Le seizième siècle venait de s'ouvrir, époque bien glorieuse dans les annales des de Buisseret, puisque le mérite seul de Collart, seigneur d'Engies, que rehaussait une rare modestie, le fit distinguer de l'empereur Charles-Quint : Ce prince le choisit pour premier conseiller et confident dans une foule de circonstances, alors que tant de personnages éminents se faisaient remarquer. Magistrat intègre, il rendit toujours la justice avec une conscience irréprochable, sans laisser à ses subordonnés aucun moyen de faire de l'arbitraire, assez commun en ce temps de législation diffuse, si stérile en garanties pour les accusés et pour les plaideurs en général, en ce temps où l'esprit de parti et de vengeance venait remuer tous les cœurs.

Le seigneur d'Engies mourut généralement regretté à Mons, sa patrie. Il fut inhumé dans le caveau de sa famille, vis-à-vis de la chapelle de la Vierge, à l'entrée de l'église de Sainte-Waudru, où l'on voit ses armes peut-être encore. Les dames chanoinesses, qui toutes étaient de bonne et ancienne noblesse, assistèrent à ses funérailles.

Nous avons constaté à l'arbre généalogique les deux unions que contracta l'ami de Charles-Quint. Nous ajoutons que c'est de son premier mariage avec mademoiselle Jeanne de Gues-quières, que sont descendus les seigneurs d'Helfaut, baronnie qu'ils possédèrent au village de ce nom, dans les environs de Saint-Omer. De ses secondes noces avec mademoiselle Jacqueline de Sault, dont les armoiries figurent sous le n° 13 à l'arbre généalogique, naquit Georges, seigneur de Maresing, qui, lui-même, eut de son union avec mademoiselle Catherine de la Barre, plusieurs enfants dont Georges et François seulement sont renseignés à l'arbre généalogique.

Cette branche s'allia, comme nous l'y avons établi, à la maison de Boussu, de Mons, ainsi qu'aux maisons de Saint-Genois, de Franeau, de Landamme, de Bailliencourt, de Landas, de De Grouft, de Masnay, de Crohin, etc.

Georges, l'aîné des enfants, qui prit le titre de Seigneur du Mur, épousa mademoiselle Anne de Guise dont la famille se glorifiait à juste titre de posséder deux illustrations litté-raires : d'abord Nicolas de Guise, frère de cette demoiselle, connu par plusieurs ouvrages parmi lesquels figurent *la Vie de l'Illustrissime Archevêque de Cambrai, François de Buis-seret*, imprimée en 1616, et la *Chronologie des Comtes de Hainaut*, qui parut après sa mort. Son mérite supérieur lui avait procuré un canonicat à la cathédrale de Cambrai le 16 juin 1603, par la résignation que fit en sa faveur Monseigneur François de Buisseret, alors évêque de Namur. Le second écrivain, que nous avons à citer, fut Jacques de Guise, grand-oncle du père du précédent, non rappelé à la généalogie. Né à Mons de parents distingués, il se consacra à la religion et choisit l'ordre de Saint-François. Après avoir enseigné la philosophie, la théologie et les mathématiques, durant vingt-cinq ans, il composa les *Annales du Hainaut,* qui furent imprimées à Paris, à Anvers et en dernier lieu * à Paris avec la traduction française en regard et des notes de M. le marquis de Fortia. Il mourut à Valenciennes, le 6 février 1399 (alors 1398), universellement regretté des savants de son siècle.

M. de Buisseret et mademoiselle de Guise eurent, entre autres enfants, une fille qui épousa le seigneur Gaspard de Boussu. Un siècle après cette alliance, la famille donnait aussi un écrivain utile à son pays en la personne de Gilles-Joseph de Boussu, écuyer, licencié en droit, élu magistrat à Mons en 1714. Il écrivait alors l'histoire de sa ville natale, qu'il y publia en 1725. Cette famille de Boussu n'était pas étrangère aux belles-lettres. Un des parents, Beauduin de Boussu, de Mons, décédé abbé de Cambron en 1298, s'était fait connaître par ses commentaires sur les œuvres de Pierre Lombart, évêque de Paris.

François de Buisseret naquit à Mons au mois de septembre 1549, du mariage de noble homme Georges de Buisseret et de noble demoiselle Catherine de La Barre ** dont les

---

* De 1826 à 1835. — « Histoire volumineuse qui traite non-seulement du Hainaut et des Pays-Bas, mais qui fait encore de fréquentes et curieuses digressions chez la plupart des autres peuples. » LEGLAY, *Archives du Nord de la France et du Midi de la Belgique*, tome 4. Valenciennes, 1834.

** M. Henri Delmotte s'est trompé dans sa biographie de Gilles de Boussu, insérée au tome 2 des *Archives du Nord de la France, etc.* Valenciennes, 1832, en donnant pour mère à François de Buisseret, Anne de Guise, qui était sa belle-sœur.

armoiries sont figurées au tableau généalogique sous les n°s 18, 19, 20, 21, 22 et 23.

Ce nom de De La Barre se représente plus tard dans la famille par l'alliance du seigneur Antoine de Vergnies, et de mademoiselle Marguerite-Françoise de La Barre. Il n'y a pas de doute qu'il n'existât une commune origine entre les deux souches.

Dieu, qui voulait donner un exemple de toutes les vertus dans la famille des de Buisseret, inspira de bonne heure à François, fils du seigneur de Maresing, des sentiments religieux et le goût de la vie sacerdotale. A peine eut-il terminé ses humanités dont il suivit les cours à Mons, qu'il se rendit au collége du Lys * à Louvain, où, après avoir obtenu en 1569, à l'âge de vingt ans **, le second rang parmi les maîtres ès-arts, il fut élevé à la charge de professeur de philosophie. Ayant consacré cinq années à l'enseignement, il obtint en 1574 la licence et reçut presqu'aussitôt l'ordination. Le 4 juin de la même année, on lui décerna un canonicat à Cambrai; prébende qui produisait un revenu annuel de dix mille livres.

Dès ce moment animé du désir d'admirer de près la majesté du trône pontifical, il se rendit à Rome. Ardent à s'instruire, il alla bientôt étudier à l'université de Pavie et reçut ensuite à Bologne le bonnet de docteur en droit-canon.

Revenu à Cambrai, il fut nommé official, puis archidiacre majeur; mais Beauduin de Gavre, baron d'Inchy, gouverneur de la citadelle, qu'un protestantisme exalté et des vues ambitieuses rendaient fanatique, ne cessant de persécuter les ec-

---

* Moreri a commis dans toutes les éditions de son *Dictionnaire historique*, une erreur assez sérieuse, en disant que M. de Buisseret avait étudié à Lille. Il aura traduit Lilium (Lys) par Lille, dont le nom latin est Insulæ. Aucun autre biographe n'a fait cette faute.

** *Bibliotheca Belgica*, par Me Jean-François Foppens. Bruxelles, 1739.

clésiastiques qui refusaient de reconnaître sa domination, au détriment de l'autorité de l'archevêque, le jeune archidiacre résolut de quitter une ville où il n'éprouvait qu'affliction et scandale; toutefois il n'eut pas le loisir d'en sortir librement, car le baron d'Inchy le fit chasser un soir avec plusieurs autres religieux qui partageaient ses principes, et ne leur laissa le temps de prendre ni argent ni effets. François se réfugia dans une maison de faubourg, où il se crut en sûreté ; mais ses ennemis l'y poursuivirent. M. de Buisseret, ayant été prévenu à propos, se sauva dans un champ de blé, où il resta jusqu'au lendemain, qu'il se rendit à Péronne et de là à Paris, comme nous le raconte M. Dupont dans son *Histoire de Cambrai* *. M. de Buisseret, pendant son exil, donna des leçons de jurisprudence à l'Université de Paris.

Monseigneur Louis de Berlaymont, que le retour d'une garnison française à Cambrai avait contraint, en 1578, de transférer à Mons le siège archiépiscopal, s'empressa, en 1580, d'appeler à lui le savant exilé et de lui conférer les dignités de doyen et de vicaire-général.

Quelques années s'écoulèrent ainsi dans la plus parfaite tranquillité.

En 1586, l'archevêque de Berlaymont assembla à Mons un concile provincial qu'il présida avec le nonce du pape. M. François de Buisseret y présenta plusieurs *Réglements* remarquables qu'il avait rédigés sur la profession de la Foi, sur l'administration des églises, des séminaires, des chapitres, sur la conduite des clercs, des pasteurs, des moines, sur l'usure, etc. Distingué par sa profonde connaissance dans la science des canons, des histoires des conciles et des écritures saintes; mis en évidence par ses écrits, cité comme l'homme le plus vertueux et le plus prudent, M. de Buisseret acquit dès ce

---

* Imprimée à Cambrai, de 1759 à 1767.

moment l'estime de tous. Le jugeant donc digne d'une importante mission, messeigneurs les évêques et les autres pères de ce saint concile, le députèrent vers le souverain pontife afin de prendre ses instructions sur certaines affaires qui offraient d'innombrables difficultés. Il s'acquitta de cette mission avec tout l'avantage qu'on en pouvait attendre, et revint de Rome comblé des bienfaits de Sixte V. A peine de retour, il fut député vers le prince de Parme, gouverneur en chef des Pays-Bas ; nouvelle mission dont il se retira avec un succès inespéré.

Sur ces entrefaites M. de Buisseret fit instituer à Mons une école dominicale, à laquelle il fut heureux de voir accourir non-seulement la jeunesse de la ville, mais une foule de personnes de tout âge et de toute condition. Circonstance inouïe à une époque où l'hérésie de Calvin et de Luther, ravageait les Pays-Bas ! Son but était atteint. Il fit alors imprimer un *Catéchisme* qu'on suivit aussitôt dans le diocèse. Cette œuvre était rédigée avec une clarté telle qu'après la mort de son auteur, l'archevêque François Vanderburg, son successeur, en fit un abrégé et ordonna, par un mandement de 1616, qu'il serait dorénavant enseigné. L'un et l'autre de ces ouvrages étaient encore suivis dans le cours du dix-huitième siècle.

Malgré le bonheur dont M. de Buisseret jouissait à Mons, au milieu de sa famille et de ses concitoyens, une idée le poursuivait sans cesse : la translation du siège de l'archévêché dans la ville de Cambrai. Inspiré par la reconnaissance, il épiait toutes les occasions qui pouvaient faire réaliser son projet. Le moment opportun se présenta à la fin. Dès-lors il travailla ouvertement, avec une constance inébranlable, à faire expulser de Cambrai les troupes françaises qui y causaient toujours des troubles de religion. Il réussit, car ayant obtenu dans ses démarches près du comte de Fuentès, gouverneur en chef des Pays-Bas, et près de M. Paul de Carondelet, baron de Noyelle, gouverneur de Bouchain, les grâces et les promesses qu'il en espérait, une armée ne tarda pas à mettre le siège devant Cambrai. L'attaque fut vive, mais la défense fut longue et courageuse ; enfin la place dut capituler. L'archevêque et M. de Buisseret * assistèrent à ce siège ; aidant les uns de leurs conseils, et donnant aux autres des encouragements ; ne craignant ni la fatigue ni les périls.

La ville et la citadelle rentrèrent ainsi en septembre et en octobre 1595 sous la domination espagnole. Monseigneur de Berlaymont prit aussitôt possession de sa métropole, mais il ne jouit guère de cette félicité : il mourut l'année suivante !

Le chapitre de Cambrai, pénétré de l'excellence des vertus de M. de Buisseret, le nomma à l'archevêché après la mort de Jean Sarrasin, en 1598. « Mais le croira-t-on et trouvera-t-on beaucoup d'exemples semblables à celui-ci ? De Buisseret renonça à cette haute dignité, » rapporte M. de Boussu,**et, se jetant aux pieds de ses confrères, il les conjura, les larmes aux yeux, de vouloir procéder à une nouvelle élection.

Le 17 février 1600, pendant le séjour momentané de l'archiduc Albert et de l'infante Isabelle, à Cambrai, le clergé en chappe reçut leurs Altesses au portail de la métropole, et là le doyen de Buisseret, après leur avoir présenté à baiser un précieux reliquaire, eut l'honneur de les haranguer en latin, selon l'usage du temps. Leurs Altesses entendirent ensuite une messe qui fut précédée d'un Te Deum.

C'est de ce moment que data l'amitié qui régna d'une manière inaltérable entre l'archiduc et le doyen de la cathédrale de Cambrai.

Les éminentes qualités de M. de Buisseret lui firent décer-

(*) Ce fut lui qui, pendant le siège, fit parvenir, par le moyen de certaines flèches, des billets pour exciter les bourgeois à rentrer sous l'obéissance de l'archevêque et à secouer le joug de Balagny.—DUPONT.

**_Histoire de Mons._ Mons, 1725.

ner, en 1601, l'évêché de Namur, auquel il fut nommé par l'intervention de l'archiduc Albert; ce prince connaissait le noble caractère de cet homme qu'il consultait même déjà dans les affaires les plus importantes de ses états. Il fut sacré le 10 février 1602 dans l'église de Sainte-Waudru à Mons, par Guillaume de Berghes, archevêque de Cambrai, assisté de Michel d'Esne, seigneur de Betencourt, évêque de Tournai, et de Jean du Ploich, évêque d'Arras, en présence de toute la noblesse, des magistrats, de ses parents, des députés de Namur et d'un peuple nombreux qui se réjouissait de l'élévation de son concitoyen.

« Puis il feit son entrée à Namur, où par la viuacité de son esprit, il feit preuve de l'expérience qu'il auoit acquis par la longue administration du siege metropolitain, tant en vacance, qu'autrement. * »

Monseigneur de Buisseret présida à Namur deux synodes en 1604 et en 1605.

Ayant obtenu l'autorisation expresse du pape Paul V, de faire exhumer le corps de Sainte-Marie d'Oignies, dont il avait publié la vie, de Buisseret ** fit lever de terre, en 1609, le corps de cette sainte femme, qu'il enferma dans une châsse d'argent et l'éleva à la vénération des fidèles et des pieux pélerins, sur l'autel de l'église du village d'Oignies, à une lieue de Nivelle.

Toujours occupé à réaliser quelque idée bienfaisante, monseigneur de Buisseret fonda à Namur une école dominicale et un séminaire qu'il dota de ses propres biens; il y concourut aussi à la formation de l'abbaye des Bénédictines réformées

---

Histoire ecclésiastique du PaysBas, par Guillaume Gazet. Valenciennes, 1614.

Vies des Saints par M. Adrien Baillet, Paris, 1715, où on lit la biographie de Marie, sous la date du 23 juin—et *Histoire de Mons* par M. de Boussu.

ainsi qu'à celle du collége des Jésuites qui en prirent possession en 1610, d'après l'*Histoire du comté de Namur* du père de Marne. * Là ne s'arrêta pas le généreux élan du sage prélat : il fit encore bâtir à Namur, de ses deniers, le palais épiscopal et érigea, pareillement à ses frais, le séminaire de Nivelle. Enfin, par reconnaissance pour le collége du Lys à Louvain, où il avait étudié et même enseigné, il y fit élever un corps de bâtiment et y fonda treize bourses pour pourvoir l'église de bons étudiants, selon son expression.

En ce temps on croyait encore fermement aux sortiléges, aux sorciers, aux esprits malins ; or, voici ce qui advint à Namur : un château était situé dans le voisinage de la métropole. On n'y entendait que des cris, des pleurs, des gémissements. Le château devint désert ! Monseigneur de Buisseret, averti de cet événement et désirant mettre un terme à la clameur publique, se transporta au lieu même que tout le monde fuyait. Après y avoir passé une partie de la nuit en prières, il se rendit seul, le crucifix à la main, dans la chambre d'où partaient les bruits. Au bout de quelques heures, pendant lesquelles on était au dehors dans la plus vive anxiété, le prélat sortit de la chambre et, d'un ton calme, dit aux personnes de sa suite, qu'il emportait l'esprit. En effet, on n'entendit plus de bruit, de cris ni de gémissements au château. Le propriétaire ne tarda pas y revenir avec sa famille et y vécut sans être jamais inquiété.

En rapportant cette circonstance, nous n'avons voulu prouver qu'un fait : la supériorité de cet homme que ne pouvaient atteindre ni les préjugés ni les vaines terreurs de son siècle.

Nous sommes tenté de rapporter ici un petit épisode de la

*** Bruxelles, 1754.

vie privée de monseigneur de Buisseret ; le voici. Un gentil-homme du comté de Namur, qui avait l'habitude d'offrir les plus beaux poissons de sa pêcherie à monseigneur, écrit un jour à l'évêque qu'il lui envoie trois brochets qui lui seront remis en même temps que sa lettre. Dès qu'il reçoit cet avis, il fait appeler son cuisinier auquel il demande à voir les brochets. Quand ils sont apportés devant lui, il loue beaucoup le présent de son ami, — « Mais, dit-il, il ne m'envoye que » deux. — Non, monseigneur, réplique le cuisinier, il n'y a » aussi que deux.— Toutefois, ajoute l'évêque, on me mande » qu'on en a envoyé trois; or appelé-moy le porteur que je luy » parle et que je sasche s'il n'a pas ici quelque fourbe. » Le messager étant entré, l'évêque l'examine et lui dit : « Eh bien, » mon amiz, ou est le troisiesme brochet ? monsieur vostre » maistre me mande par sa lettre qu'il en envoye trois et il n'y » a que deux; ce n'est pas de la sorte qu'il faut affronter les » personnes d'honneur ; il est fort à craindre que vous aurez » vendu ou donné le plus beau, vous imaginant qu'on ne pren- » droit pas garde à ce qu'on apportoit, or je le manderay à » vostre maistre. » Le pauvre homme, étourdi de ces paroles, jure de son innocence; mais ne pouvant convaincre monsei-gneur, il se retire. Cependant le cuisinier prépare pour la table l'un des brochets, qui bientôt est servi. A peine en a-t-on goûté, qu'un domestique vient annoncer que le cuisinier, en éventrant le second poisson qui était le plus fort, y a troûvé le troisième, objet de la contestation. L'Evesque, raconte le chroniqueur,* fut bien estonné de voir cette merveille, ce qu'il notifia sans délay à celui qui lui avoit fait ce beau présent, justifiant d'un mesme chemin l'innocence du sus dit messager.

---

* Manuscrit de la bibliothèque publique de Mons, intitulé *Histoire de notre temps*, par un moine de l'abbaye de Saint-Denis, près de Mons, et dont un extrait textuel a été reproduit par M. Henri Delmotte, dans *les Hommes et les Choses*, page 260, des *Archives du Nord de la France*, etc. Valenciennes, 1829.

La carrière religieuse de monseigneur de Buisseret ne devait pas se terminer à Namur. Une récompense aussi légitime que convenable, allait couronner les belles et utiles actions de sa vie, ainsi que son haut mérite. Cela était justice. Le chapitre de Cambrai l'élut de nouveau à l'archevêché au commencement du mois de mars 1614. Pressé par l'archiduc Albert de la manière la plus flatteuse, il ne put, comme il l'avait fait autrefois par un excès d'humilité, refuser l'honneur qui lui était offert. Il devint ainsi archevêque et duc de Cambrai, comte de Cambresis, seigneur haut-justicier et prince du Saint-Empire Romain. Le 25 du même mois, il fit son entrée solennelle dans la ville, entouré d'un nombreux clergé,* au milieu des applaudissements du peuple et des notables qui vinrent le recevoir et le complimenter. « Dieu vueille, disait alors le père Gazet, prospérer tous ses vertueux desseings, à sa plus grande gloire. »

On estimait que le revenu de l'archevêché valait en temps de paix 80,000 livres, s'il faut s'en rapporter aux *Délices des Pays-Bas.*** Ce produit, joint à la fortune personnelle de Monseigneur, le mettait à même d'exercer plus que jamais sa sublime bienfaisance et sa chrétienne piété. Aussi sa nouvelle métropole reçut-elle bientôt des marques éclatantes de sa libéralité. Là comme ailleurs, les malheureux accouraient vers son auguste personne, et ne la quittaient pas sans emporter des consolations ou des preuves de sa générosité et d'une bonté extrême. Si, dans les diverses positions où il se trouva,

---

* « Cette église (la Cathédrale) est seruie par 48 chanoines et enuiron 85 prestres, tant vicaires que chapellains, disait l'historien Gazet dans l'ouvrage déjà cité. » — Il y avait en outre à Cambrai neuf autres églises, trois abbayes et quatre couvents d'hommes, deux abbayes et quatre couvents de femmes, ainsi que plusieurs hôpitaux dirigés par des religieux et des religieuses. — Cette citation justifie notre expression d'un nombreux clergé.

** Bruxelles, 1711.

ses vertus et ses bienfaits lui acquirent des droits incontestàbles à la reconnaissance de ses ouailles, il fut loin de jamais oublier ses parents, même les plus éloignés. Il établit un nombre incalculable de fondations pieuses et utiles en plusieurs endroits, en leur faveur. Ils avaient de plus la faculté de jouir du bénéfice des bourses fondées à Louvain. Leurs descendants jouissaient encore, en 1789, des bienfaits de l'illustre prélat et des avantages qu'en considération de sa mémoire, le gouvernement accordait à ceux qui les réclamaient, ainsi qu'il résulte d'une lettre du chevalier Philippe-Adrien-Louis de Buisseret-d'Helfaut à madame sa sœur, en date de Mons, du 4 janvier de cette année.

Monseigneur de Buisseret passait, en son temps, pour un écrivain et un prédicateur distingué. Il avait la mémoire si heureuse qu'il récitait des livres entiers. Doué d'un tel avantage et d'une élocution facile et abondante, l'improvisation lui était naturelle, et ses prédications, ses harangues, ainsi que ses oraisons funèbres, portaient toujours le cachet de l'éloquence.

On connaît de lui les ouvrages suivants dont fait mention M. A Leglay dans ses recherches sur l'église métropolitaine de Cambrai : * 1° *Discours admirable et véritable des choses advenues en la ville de Mons en Haynaut, à l'endroit d'une religieuse possessée et depuis délivrée, etc.,* Douai, 1586; 2° *Oraison funébre sur le trépas et inhumation de très-illustre et excellent seigneur messire Emmanuel de Lalaing, marquis de Renty... admiral et capitaine-général de la mer, gouverneur, capitaine-général et grand-bailly de Haynault, prononcée en l'église collégiale de N. D. de Condet, le 29 décembre 1590, par Me François Buisseret, etc.* Mons, 1591; 3° *Decreta synodi diœcesanœ Numurcensis (*ordonnances synodales du diocèse de

---

* Paris, 1825

Namur) 1604, *in ecclesiâ cathedrali celebratæ... præsidente R^{mo} Domino Francisco Buisseret... Lovanii*, 1605; 4° *Decreta facta (ordonnances rendues) per Fr. Buisseret...in capitulari congregatione concilii Geldoniensis*, 1612. Dans un recueil de synodes imprimé à Mamur en 1639, Moreri et Foppens, moins exacts, ne citent que le premier et le troisième ouvrage dans leurs livres.

Il faut ajouter aux publications qui précèdent de de Buisseret le *Cathéchisme* et les *Règlements* dont nous avons fait mention plus haut, et *la Vie de Sainte-Marie d'Oignies*, imprimée en 1608, ainsi que nous l'apprend l'historien de Mons. D'après le même écrivain, Philippe Brasseur, chanoine de Maubeuge, a composé un livre intitulé : *Origines Hannoniæ cœnobiorum* (des fondations pieuses du Hainaut) imprimé en 1650, dans lequel il a publié *Plusieurs lettres* de M. de Buisseret, *adressées au Pape*, avec les réponses du souverain pontife, ayant pour sujet la paroisse de Sainte-Waudru de Mons. Au surplus il nous serait difficile de donner la nomenclature de tous les écrits sortis de la plume de monseigneur de Buisseret ; nous aurions dû nous procurer les ouvrages d'écrivains autres que ceux qui sont rappelés dans le cours de ces biographies, tels que *l'histoire de Cambrai* par Carpentier, Leyde, 1664; *la bibliothèque belge*, publiée par Valère-André au seizième siècle ; *l'Histoire Panégyrique* ou *la Vie de Monseigneur de Buisseret*, par Nicolas de Guise ; *les Annales du père Delwarde, les Chroniques du Cambrésis*, publiées à Douai en 1615 et écrites par Balderic, en tête desquelles se trouve une lettre en forme de préface dans laquelle Georges Colvenère a tracé l'éloge de l'illustre Montois.

Monseigneur de Buisseret avait pour secrétaire intime Nicolas de Guise, natif du Hainaut, licencié et prêtre de son église métropolitaine ; lequel connaissait, dit Foppens, les pensées les plus secrètes du digne prélat, à qui il resta toujours attaché. Honoré d'une confiance sans limite, allié à sa famille, il avait certes le droit et les moyens, mieux que personne, d'écrire un jour sa biographie.

Quatorze mois n'étaient pas écoulés depuis son élévation à l'archiépiscopat, qu'une mort subite, causée par une cardialgie, enleva de Buisseret le 2 mai 1615, après avoir fait son entrée solennelle à Valenciennes. Conduit à l'abbaye de Saint-Jean, il demanda et reçut l'absolution et l'extrême-onction. Sentant sa fin approcher et se tenant debout avec un sang-froid et un courage inouïs, il expira en donnant la bénédiction aux personnes pieuses qui l'environnaient, aux religieux de l'abbaye et à son frère Georges de Buisseret qui s'était rendu à Valenciennes pour le recevoir et l'amener à Mons, où madame Gaspard de Boussu, sa fille, faisait des préparatifs pour la réception de son illustre parent.

En ce moment suprême les assistants en pleurs n'éprouvaient que le sentiment de la plus profonde admiration !

Pénétré de sa mission évangélique sur cette terre et de ses devoirs envers la société, il mourut aussi saintement qu'il avait vécu.

Quoiqu'il eût favorisé de toutes ses forces le progrès et le maintien de la religion, on ne lui fit jamais le reproche de prêcher l'ultramontanisme. Sa règle de conduite était renfermée dans les bornes de la sagesse la mieux entendue. Constamment invariable dans ses principes, il obtint et emporta l'estime et du clergé et des citoyens. Fort d'une conscience pure, il s'éteignit comme le juste.

La dépouille mortelle du vertueux prélat fut transférée à l'église métropolitaine de Notre-Dame de Cambrai, où le chapitre lui fit donner la sépulture sous le chœur, non loin du grand autel devant la chapelle de la Vierge.* On renferma dans son cerceuil la croix pectorale et l'anneau épiscopal. La croix représentait le Christ d'un côté et de l'autre St.-François, patron du défunt. On plaça sur son cœur, selon l'usage, une plaque de fer, sur laquelle on inscrivit :

HIC JACET CORPUS ILL^{mi} ET R^{mi}
D.NI FRANCISCI BUISSERET
ARCHIEPISCOPI CAMERACEN.
DEFUNCTI VALENCENIS DIE 2ª
MAY, HIC SEPULTI DIE 7ª EJUSDEM
1615.

« *Ici repose le corps du très-illustre et très-révérend sei-*
» *gneur François Buisseret, archevêque de Cambrai, décédé*
» *à Valenciennes le 2 mai 1615, inhumé ici le 7 du même*
» *mois.* »

On grava l'inscription suivante sur son sarcophage :

D. O. M.
ET P. M. ILLUSTRISSIMI ET REVERENDISSIMI
FRANCISCI BUISSERET,
QUI METROPOLITANÆ HUJUS ECCLESIÆ MANUS FUNCTUS PRÆCIPUIS
AB ANNO MDLXXIV CANONICUS, OFFICIALIS, ARCHIDIACONUS
MAJOR, DECANUS AC SEDIS VICARIUS GENERALIS, INDE ANNIS
TREDECIM ** EPISCOPUS NAMURCENSIS, TANDEM AR-
CHIEPISCOPUS ET DUX CAMERACENSIS, ETC. AS-
SUMPTUS PRIMO PONTIFICATUS ANNO, OBIIT
OETATIS LXXI, SALUTIS HUMANÆ
MDCXV, MAII DIE SECUNDA. TU,
ANIMÆ, LECTOR, BENÈ
APPRECARE.

« *A la gloire du Très-Haut,*
» *et à la pieuse mémoire du très-illustre et révérendissime*

---

* *Gallia christiania*, par Denis Sammorthan. 1725.
**M. Leglay, Foppens et Sammorthan ont commis une erreur en in-

» *François Buisseret, qui, depuis l'année 1574, occupa les*
» *principales dignités de cette église métropolitaine ; fut tour-*
» *à-tour chanoine, official, archidiacre-majeur, doyen et*
» *vicaire-général ; fut ensuite treize ans évêque de Namur et*
» *enfin archevêque duc de Cambrai, etc. Enlevé dès la première*
» *année de son pontificat, il décéda à l'âge de 66 ans, en l'année*
» *1615 de notre salut, le deux du mois de mai.*

> » *Priez, lecteur, pour son âme.* »

Monseigneur de Buisseret emporta dans la tombe les regrets de ses parents, de ses amis, de messieurs les ecclésiastiques, des pauvres et de tous les malheureux qui le chérissaient à l'égal d'un bon père. Pour éterniser le souvenir de leur digne concitoyen, les Montois le firent représenter avec les armes de sa famille sur la grande vître à droite du chœur en regardant l'autel de l'église de Sainte-Waudru de leur ville.*

Nous avons reproduit ses armoiries au tableau généalogique sous le n° 17.

Ses exécuteurs testamentaires lui firent ériger en 1621, dans la cathédrale de Cambrai, un mausolée magnifique en albâtre décoré de ses armes. Il y était représenté à genoux aux pieds du Sauveur ressuscité. Pour satisfaire à ses dernières volontés, on y avait représenté Saint-Thomas et Saint-François aux pieds du calvaire, avec ces *vers* que lui-même avait *composés* et transcrits *dans son testament :*

Aspice tres : medium pro te fera vulnera passum,
Qua tangit digitis alter aperta suis.

---

diquant comme durée de l'épiscopat à Namur de monseigneur de Buisseret, le nombre de quinze ans (quindecim) au lieu de treize qui est le chiffre exact que donne la supputation du temps écoulé de la fin de 1601 au commencement de 1614. M. de Boussu a évité cette erreur en rapportant l'épitaphe.

* Ce qui se voit encore.—H. Delmotte. *Les Hommes et les Choses du Nord de la France, etc.* Page 116.—1829.

TERTIUS HÆC EADEM MORTALI IN CORPORE GESTAT,
QUEM SIMUL EXCRUCIANT HIC AMOR, INDÈ DOLOR.
FAS QUIBUS ILLA PATI, GESTARE AUT TANGERE NON EST,
EFFICIAT SIMILES HIS TRIBUS UNUS AMOR.

« *Des trois personnages que tu vois ici, ô mortel, l'un a reçu*
» *pour toi les blessures cruelles que touche la main du second.*
» *Le faible corps du troisiéme porte aussi des plaies non moins*
» *profondes. La douleur et l'amour de Dieu le consument éga-*
» *lement.*

» *S'il n'est pas permis à tout chrétien de les égaler dans*
» *leurs sublimes souffrances, nous pouvons par la charité seule*
» *nous élever jusqu'à eux.* »

Au commencement du dix-huitième siècle, on exécuta des travaux qui furent terminés en 1726, pour la nouvelle disposition du chœur de la cathédrale. On déplaça, en même temps, mais sans le détruire, le tombeau de François de Buisseret.

En 1793, le vandalisme et l'impiété des terroristes vinrent détruire de leurs haches révolutionnaires, tout ce qui pouvait rappeler l'image d'une sainte religion. Ainsi disparut le mausolée de monseigneur de Buisseret, si remarquable par le fini de son travail, qu'il était cité comme un chef-d'œuvre de sculpture ! Ainsi disparurent également tant de belles choses qui faisaient l'admiration des étrangers et la gloire des artistes ! Le buste seul de Fénélon est demeuré intact : il orne aujourd'hui la salle d'audience de la mairie de Cambrai.

Quelques années s'étaient écoulées et la cathédrale n'existait plus !... Une place publique plantée d'arbres en occupe maintenant le terrain.

Des fouilles furent exécutées à diverses époques. Le cercueil de monseigneur de Buisseret fut au nombre de ceux qu'on découvrit en septembre 1822. Aucune portion du squelette n'était dérangée ; la plupart des ornements, dit M. Leglay, étaient restés intacts, mais pour peu qu'on les touchât sans précaution, ils tombaient en lambeaux ou se réduisaient en poussière.

Le corps du prélat fut renfermé dans un cercueil en plomb qu'on décora de ses armoiries, de sa devise et d'une inscription latine.

Une touchante solennité s'apprêtait.

Les tombeaux des prélats que les fouilles avaient fait découvrir, se trouvaient exposés à la vénération du public dans une chapelle ardente érigée à l'hôtel-de-ville, qu'éclairaient deux cents bougies et qu'ornaient un grand nombre d'attributs funéraires.

Le 22 octobre 1822, le baron Belmas, suivi de son clergé, se rendit à l'hôtel-de-ville. Introduit dans la chapelle ardente, on lui lut immédiatement le procès-verbal de remise des corps, procès-verbal qui fut ensuite signé par le digne prélat, par les principales autorités et par messieurs les comtes de Buisseret de Blarenghien père et fils, arrière-petits-neveux de l'archevêque de Buisseret, qui étaient venus de cinquante lieues pour rendre un dernier devoir au vénérable pasteur dont ils s'honoraient de porter le nom. « Ce respect religieux, s'écrie M. Leglay, pour la mémoire de ceux qui ont passé en faisant le bien, est un attribut des belles âmes ; on ne saurait trop louer ceux qui professent de tels sentiments. »

Ces formalités accomplies, le convoi se mit en marche entre deux haies formées par la garde nationale, les gendarmes et les troupes de la garnison. En tête du cortège marchaient les orphelins, les orphelines et les boursières de Sainte-Agnès. Une foule immense était accourue pour être témoin de cette pompe auguste et vraiment extraordinaire. Arrivé au saint lieu, on exécuta en musique la messe pontificale des morts. Après les absoutes on descendit les cercueils dans le caveau des anciens abbés de Saint-Sépulcre ; ce qui fut constaté par un procès-verbal d'inhumation que signèrent MM. les principaux fonctionnaires.

Lorsqu'à la mort de monseigneur Belmas, il était question d'ériger le siège épiscopal vacant en métropole, prérogative dont le diocèse de Cambrai avait joui durant à peu près deux siècles et demi, * il était flatteur pour nous de lire dans *la Dunkerquoise*** le nom de de Buisseret uni aux noms illustres et vénérables de Maximilien de Berghes, premier archevêque, de Vanderburch, de Fénélon et de Ferdinand de Rohan, le dernier des dix-huit prélats qui se sont assis sur le siège archiépiscopal de Cambrai jusqu'à la révolution française.

Nous avons énoncé plus haut que Collart de Buisseret, aïeul de monseigneur de Buisseret, avait contracté deux mariages. Nous avons longuement traité de ce qui était relatif au second. De sa première union, naquit Quentin, seigneur d'Engies. Il fut connu dès 1524 à Mons, sa ville natale, comme un magistrat intègre, digne de la mémoire de son père. A son exemple, la justice en ses mains était un sacerdoce, redoutable pour le vice et le crime, bienveillant pour l'infortune, rémunératoire de la vertu. Il épousa mademoiselle Waudru Du Mont, dame d'Hantes. Cette demoiselle était fille de messire Jean Du Mont, seigneur du Cochet, connu avantageusement à Mons dès 1482, et proche parente de Hugues Du Mont, qui fut trésorier-général des finances à Lille jusqu'au mois d'août 1499 qu'il fut élu maître extraordinaire en la chambre des comptes en la même ville.*** Waudru Du Mont avait un frère qui s'appelait Guillaume Du Mont, seigneur du Cochet ; il était conseiller et avocat

---

* De 1563 à 1793.

** De 1841, feuilles nᵒˢ 2862 et 2881, reproduisant les art. du journal *l'Echo de la Frontière*, qui ne dénomment pas les autres archevêques.

*** *La Flandre illustrée*, par Jean de Seur. Lille, 1713.

de Sa Majesté à Mons, en 1591, et mourut le 4 octobre 1597, laissant des enfants. Jean et Hugues furent les premiers membres connus de cette famille qui devait s'étendre à l'infini dans les comtés de Flandre et du Hainaut. Originaires de Péruvia, en Italie, ils étaient venus s'établir à Mons et à Lille vers l'année 1440, sous le règne de Philippe-le-Bon, duc de Bourgogne* comte du Hainaut et de Flandre.

Le seigneur Quentin de Buisseret laissa un fils : Jean, qui prit le titre de seigneur d'Engies que portait son père. On voit peut-être encore ses armes et ses timbres qu'il fit peindre dans la chapelle de Saint-Paul de l'église collégiale de Sainte-Waudru à Mons, à la date de 1577. La bienfaisance fut l'apanage de sa vie; les Montois, ses concitoyens, citèrent longtemps ses louables actions. Il fut l'un des fondateurs de l'école dominicale de Mons,** dont l'institution, qui était due à son honorable cousin François de Buisseret, rendit de si puissants services dans le pays durant les dissentions religieuses qui l'agitèrent. Il eut quatre fils de son mariage avec mademoiselle Gérard : 1° Jean, seigneur d'Engies et d'Hantes; 2° Nicolas, seigneur de Bosewelt et de Beauchamps, marié à mademoiselle Jacqueline de Biévine, dont le blason figure sous le n° 16, à l'arbre généalogique; 3° Philippe de Buisseret, seigneur de Bosewelt et de Beauchamps, qui, avant d'être élu avocat du roi et conseiller à la cour souveraine de Mons, remplit les fonctions de greffier du grand-bailliage de la même ville depuis 1620. Il est fait mention de lui, ainsi que de ses frères Jean et David, dans un *acte délivré au greffe échevinal de Mons,* le 15 juillet 1675. Messire Philippe de Buisseret épousa mademoiselle Françoise De Vault, dont les armoiries sont reprises sous Ie n° 24, à l'arbre généalogique, et 4° David, seigneur d'Helfaut et d'autres lieux, père de notre trisaïeul.

---

* De Boussu, *Histoire de Mons.*
** *Histoire de Mons*, page 217.

Nous ne donnons pas la filiation des trois premiers, mais nous étendrons un peu notre narration sur l'aîné, Jean, qui épousa mademoiselle Marie de Spiennes. C'est de la branche des de Buisseret-de Spiennes que provient le comte de Buisseret de Blarenghien, seigneur de Thiennes, de Steenbecque, de Lançon, d'Ergny, etc. On remarque sans doute encore les armes et les timbres de l'auteur de cette branche, sous la date de 1603, sur une table d'autel de l'église de Baisieu-lez-Quiévrain, à cinq lieues de Mons. Les armoiries des divers membres de cette branche, sont reproduites à l'arbre généalogique sous les n°⁵ 26, 27, 28 et 29.

Quoique la généalogie de mademoiselle de Spiennes ne soit pas développée au tableau, on voit que ce nom s'y retrace avec intérêt. Il n'y a pas de doute que le protonotaire apostolique Hyacinthe de Spiennes et son aïeul Jean de Spiennes, seigneur de Wareilles, dont la femme Amalberge de Buzegnies, dame de Le Val, était la tante de David de Buisseret-d'Helfaut, ne fussent les proches parents de madame de Buisseret-de Spiennes.

L'arbre généalogique nous indique deux Jean de Spiennes. Il en exista un troisième qui fut leur contemporain, sans que nous puissions préciser leur degré de parenté. Licencié en droit et reçu dans les ordres sacrés, ce dernier remplit la charge de prévôt près du chapitre de l'église-cathédrale de Saint-Albain, à Namur. Cultivant les muses avec un rare bonheur, il fut surnommé le phénix des poètes. Il composa en vers la *Vie des Saints, les Différentes Religions* et *les Mœurs des Peuples,* au rapport de M. de Boussu, de Mons.

Pour compléter nos détails, nous dirons que cette branche de de Buisseret-de Spiennes a fourni, pendant quatre générations, des pages du roi de la grande écurie, et s'est alliée aux maisons de Talbot, de Sainte-Aldegonde, de Génech, de Podenas, etc. Dès le berceau un fils devenait, de droit, chevalier de Malte.

Un des descendants de Jean de Buisseret, seigneur d'Engies et d'Hantes, était, au dix-huitième siècle, gentilhomme des Etats de Flandre et aide-de-camp du prince Charles de Rohan, maréchal de Soubise. Il assista, en cette qualité, le 5 novembre 1757, à la mémorable bataille de Rosbach, dans laquelle l'armée française fut contrainte de fléchir devant la savante tactique du grand Fréderic ; désastre que, quarante neuf ans plus tard, Napoléon vengeait glorieusement aux mêmes lieux par la défaite des armées prussiennes.

M. de Buisseret assista, le 23 juillet et le 10 octobre 1758, à deux combats d'où le prince de Soubise sortit vainqueur.

Telles sont les chances de la guerre !

L'aide-de-camp du prince eut un fils qui fut le comte de Buisseret de Blaringhien, de Lille, dont nous avons admiré la sainte piété et la louable démarche à l'occasion de la translation des restes mortels de monseigneur l'archevêque de Buisseret, son arrière-grand-oncle.

Le plus jeune des fils du seigneur de Buisseret-Gérard, David de Buisseret, qui fut la souche des de Buisseret d'Helfaut, recommandable par son grand mérite militaire et civil, occupa les premières places dans diverses administrations et dans la magistrature où il fut admis en 1642, ainsi qu'en fait mention *l'Histoire de Mons*. Ses armes et ses timbres se sont vus longtemps dans la grande salle de la confrérie de Saint-Michel, dépendante de l'une des églises de Mons. Il épousa en 1643 la noble demoiselle Amalberge, fille du seigneur Philippe de Monissart et de Catherine-Marie de Buzegnies, petite-nièce de madame Marie de Buzegnies, abbesse d'Epinlieu près de Mons. Il est à remarquer que la famille de Monissart a donné, par ses alliances, un évêque à la cathédrale d'Anvers. Celle de Buzegnies s'est alliée à la maison de Chimay par les princes de Hennin-Liétard, seigneurs de Boussu.

Par le mariage de messire David de Buisseret avec mademoiselle de Monissart, leurs descendants entrèrent dans la parenté des de Buzegnies, des de Spiennes, des de Cabrera, des de Sterling, des de Behault de Carmois, tous successivement seigneurs de Le Val et de Wareilles ; des Mainsent, seigneurs de Montignies-lez-Onnezies, des de Vergnies, seigneurs du Landas et de Salmonsart, des Hoens, comtes de Butency et de Kelteven, des Bruneau, seigneurs de la Roquette, des seigneurs de Beugnies, des Le Duc, seigneurs de Manui Saint-Pierre et de Tupigny, des Lermitte, seigneurs de Betisart, et d'autres personnes qui toutes remplirent jusqu'à la révolution de 1793, les places les plus éminentes, depuis l'ascendant le plus ancien connu de mademoiselle de Monissart, M. Jean Bricquenaix, élu magistrat à Mons en 1491, marié à mademoiselle Marguerite de Peissant.

L'histoire nous apprend que le 28 septembre 1644, les Français s'emparèrent du château d'Helfaut qu'ils gardèrent un jour, ainsi que le rapporte M. Hector Piers dans ses *Petites Histoires des communes de l'arrondissement de Saint-Omer*.*

Ce ne fut pas sans une profonde douleur que le seigneur David de Buisseret apprit les ravages que l'ennemi avait exercés dans sa propriété.

Nous sommes parvenu à une époque où la terre de Buisseret était devenue d'une si difficile administration par le morcellement des parts indivises disséminées dans la famille, que quelques-uns des propriétaires se virent obligés d'en poursuivre la licitation. Elle fut acquise par le chef d'une famille du nom Sibile, qui prit immédiatement le titre de baron de Buisseret, malgré le refus qui, à la première demande, fut fait

---

* Lille, 1840.

par le roi d'Espagne, de lui laisser porter un nom qui pouvait se répéter avec intérêt ; mais à l'instant d'une seconde supplique, c'est-à-dire le 15 décembre 1695, le roi accorda à Madrid, par lettres patentes, ainsi qu'il est relaté aux *Délices des Pays-Bas* * « la permission de porter le nom de Buisseret » avec couronne, au lieu de bourlet, et supports, à Philippe-» Philibert de Sibile, à Nivelle. » Nous faisons remarquer à ce sujet que la filiation donnée au tableau généalogique, n'est pas celle des Sibile qui ne sont jamais entrés dans la famille des véritables de Buisseret, ni comme alliés, ni comme parents, quoi qu'ils se soient distingués eux aussi par leurs services, leur naissance et leur ancienneté.

Entre temps David de Buisseret, né en 1618, mourut à l'âge de 67 ans et 2 mois, veuf de mademoiselle de Monissart, laissant cinq enfants :

1° Marie-Françoise de Buisseret, qui se fit religieuse au couvent des Sœurs-Grises à Mons.

2° Marie-Agnès de Buisseret, qui entra au couvent des Sœurs Clairisses de la même ville.

3° Gabriel-Joseph de Buisseret, écuyer, seigneur des Vignes, marié à mademoiselle Marie-Madeleine Helluy, et décédé sans postérité.

4° Amalberge-Claire de Buisseret, mariée à Jean Bureau, seigneur de Laglisoel, dont elle eut un enfant.

Et 5° Philippe-François de Buisseret d'Helfaut, notre trisaïeul.

Dans le cours du seizième et du dix-septième siècle, il existait à Mons d'autres de Buisseret que ceux qui sont inscrits à l'arbre généalogique. Nous présumons qu'ils appartenaient aux diverses branches dont nous n'avons pas indiqué la filiation.

** Fin du tome III.

D'après l'historien de Boussu, nous donnons ici la date de leur entrée respective dans la magistrature de Mons.

1° Gaspard de Buisseret, 1551.

2° Antoine de Buisseret, 1582. Deux ans après, il était nommé capitaine d'une compagnie bourgeoise de la ville; emploi qui était honorable et rétribué.

3° Jacques de Buisseret, fils du précédent, 1617. L'année suivante, il obtint aussi la charge de capitaine d'une compagnie bourgeoise à Mons.

4° Antoine de Buisseret, 1629.

5° Charles de Buisseret, 1641. Il fut nommé à Mons en 1645, capitaine d'une compagnie bourgeoise, et l'année suivante, il obtint, comme faisant partie du magistrat, la charge de trésorier de la ville. Il est fait mention de lui dans l'acte authentique de 1675 que nous avons rapporté plus haut.

Nous ajoutons à cette nomenclature Hugues de Buisseret, abbé du Jardinet de l'Ordre de Citeaux à Namur, dont il est également fait mention à l'acte sus-énoncé, mais auquel nous n'avons pu assigner une place au tableau généalogique, tout en le supposant fils de Nicolas ou de Philippe de Buisseret, frères de David, seigneur d'Helfaut, de Bosewelt, de Beauchamps et de Quiévy.

Philippe-François de Buisseret d'Helfaut, l'un des cinq enfants de ce dernier, passa une partie de sa carrière au service de l'Espagne. Revenu à Mons, il épousa, à l'âge de soixante-quatre ans, mademoiselle Barbe-Thérèse-Françoise Driéman, dont il eut trois enfants.

1° Philippe-François-Joseph de Buisseret d'Helfaut, aïeul de M. de Cornemont-Le Roy.

2° Marie-Catherine-Joseph de Buisseret, qui épousa Emmanuel-Maximilien Bureau, seigneur de la Waestine, et mourut sans postérité.

Et 3° Anne-Marie de Buisseret, qui prit le voile au couvent des Célestines à Mons.

M. de Buisseret-Driéman mourut à l'âge de 75 ans et demi, en 1726.

M. Philippe-François-Joseph de Buisseret, l'aîné de ses enfants, après avoir fait à Louvain de brillantes études qui lui valurent les premiers prix et qu'il termina par un cours de droit, obtint le diplôme de bachelier ès-lois et se consacra au service militaire de l'Autriche. Il devint capitaine-commandant au régiment d'infanterie du prince de Ligne, et épousa alors sa cousine Marie-Madeleine Du Mont de Gage dont nous donnons la généalogie. C'était une ancienne et honorable famille que celle de mademoiselle Du Mont. Messires Du Mont, ses parents, seigneurs du Coche, de Rampemont, d'Audignies, de Fantignies, de Holdre, de Gage, d'Hantes, de Longpont, avaient occupé à Mons les premières places depuis le commencement du seizième siècle. L'un d'eux, M. Philippe-Procope Du Mont, seigneur de Holdre, qui vivait en 1643, fut cité comme un poète distingué par M. de Boussu. Vint ensuite Philippe Du Mont, chanoine et trésorier de Cambrai, qui fut directeur de la musique du roi et qui composa d'excellents motets qu'on imprima à Anvers et ailleurs.

Plusieurs enfants sont issus de l'union de M. de Buisseret-Du Mont de Gage ; nous en citerons trois :

1° Michel-Charles de Buisseret, qui débuta par les armes en servant comme officier aux gardes walonnes en Espagne. Revenu dans sa patrie, il entra dans les douanes, où il devint inspecteur principal du département de Mons. La révolution française ayant éclaté, il embrassa chaudement les opinions républicaines et laissa ensuite son emploi pour agréer celui de commissaire de guerre. Il mourut au commencement du dix-neuvième siècle, laissant des enfants de son mariage avec mademoiselle Marie-Madeleine-Joseph De Hon., dont nous avons figuré le blason sous le n° 32 à l'arbre généalogique.

2° Jeanne-Antoinette de Buisseret, qui épousa M. le chevalier Charles-François Vanden Brouck de Terbecq, écuyer.

3° Philippe-Adrien-Louis de Buisseret, qui, à l'époque de son mariage avec mademoiselle Anne-Marie-Louise-Joséphine Carondelet, était capitaine-commandant d'une compagnie de son nom au régiment de Royal-Comtois au service de Sa Majesté Très-Chrétienne. Nommé chevalier de l'Ordre Royal et Militaire de Saint-Louis, il passa dans la garde du roi Louis XVI. A la mort de cet infortuné prince, M. le chevalier de Buisseret fut obligé d'émigrer pour se soustraire aux fureurs des anarchistes. Vivement inquiété du sort de sa famille, il se hasarda à se rendre à Mons. Là, il apprit l'arrestation de sa femme, à leur château de Thumeries près de Lille, ainsi que de son plus jeune fils et de sa belle-mère, que l'on conduisit dans les prisons de Saint-Quentin. L'idée de s'en voir séparé à jamais, lui frappa tellement l'esprit, qu'il en tomba sérieusement malade et mourut. Il fut enlevé en 1794, à l'âge de 39 ans. Par une étrange fatalité, la nouvelle de la mise en liberté des trois prisonniers, ne fut connue que quelques jours après la mort du chevalier !

L'union qu'avait contractée M. de Buisseret, était un mariage non-seulement de convenance, mais encore d'inclination et fort honorable* sous tous les rapports, car Mad^lle Carondelet était l'un des plus beaux partis qu'on pût trouver : elle descendait de l'ancienne maison des Carondelet, originaire de la Franche-Comté, dont l'un des membres, le chancelier Jean VI, était venu s'établir, vers 1469, dans les Pays-Bas. Le surnom

---

*Les Carondelet étaient nobles à seize quartiers, dont huit du côté paternel et huit du côté maternel, que dénomme M. DUPONT dans son *Histoire de Cambrai.*

primitif de cette famille, dit M. Leglay,* était Caronde, mais Jean Ier, baron de Chauldey, dit Caronde, ayant reçu de Robert II, duc de Bourgogne, dont il était aimé, le sobriquet de Carondelet, à cause de sa taille petite et ronde, l'adopta comme nom propre et le transmit à ses descendants. Jean Carondelet IV, forestier héréditaire de Bourgogne, s'attacha au service de Philippe-le-Hardi, et fut fait prisonnier avec Jean-sans-Peur, devant Nicopolis, le 28 septembre 1396. Le comte de Nevers rendit témoignage de son intrépidité en lui donnant un bouclier sur lequel étaient gravés les mots *Aquila et Leo,*** que les Carondelet ont pris depuis lors pour leur devise.

Les armoiries des Carondelet sont indiquées, sous le n° 34, à l'arbre généalogique.

Et 4° Mademoiselle de Buisseret, qui épousa M. de Cornemont. Treize enfants naquirent de leur union. Huit seulement vivaient au décès de leur père. Madame de Cornemont mourut des suites d'une chûte, à l'âge de 61 ans, en 1814.

Il n'est pas sans intérêt de reproduire ici une note que M. Philippe-François-Joseph de Buisseret avait écrite sur ses agendas à la naissance de sa plus jeune fille, et qu'à la prière de celle-ci, il transcrivit dans une lettre de nouvelle année très-affectueuse qu'il lui adressait de Charleroi, le 9 janvier 1780. Telle est cette note : « Le 13 juillet 1753, à six heures du soir,
» au moment où je commandais l'exercice au régiment, en
» l'absence du major, ma femme est accouchée à Gand d'une
» fille qui fut assurée des saints fonds de baptême le lende-
» main par l'aumônier de notre régiment, d'autant que ce jour-
» là, 14, je ne pouvais, non plus que le parrain, assister à
» cette sainte cérémonie, parce que je devais commander
» l'exercice à feu en présence du général baron de Tongen,

---

*Article biographique sur les Carondelet, inséré page 339 du tome 3 des *Archives du Nord de la France et du Midi de la Belgique.* Valenciennes, 1833.

** L'Aigle et le Lion.

» commis par sa majesté impériale et royale pour l'inspection
» de ses régiments aux Pays-Bas ; de sorte que ma fille ne fut
» baptisée que le 15, dans mon logement au château de Gand,
» par le même aumônier. Elle eut pour parrain messire Maxi-
» milien-Joseph, comte de Bournonville, notre colonel, et
» pour marraine Madame Rosalie Vanaghem, épouse de M.
» Antoine-Joseph Dhoerger, notre major, et fut appelée Rosa-
» lie-Madeleine ; ayant reçu, à la demande de sa mère, le
» prénom de Madeleine, lorsqu'elle fut assurée. »

Cet écrit, selon nous, retrace parfaitement l'esprit d'ordre,
les goûts simples et tranquilles de M. de Buisseret, l'attache-
ment qui le liait de cœur à chacun des membres de sa famille.
Heureux caractère qui fit amèrement pleurer sa mort lorsqu'il
dut se séparer des êtres qu'il chérissait avec passion. Il mourut
en 1781, à l'âge de 65 ans.

Il est véritablement regrettable qu'à l'exemple de M. de
Buisseret, les chefs de chaque famille un peu recommandable,
n'enregistrent pas les souvenirs qui peuvent l'intéresser. On
aurait ainsi l'histoire chronologique de ses ancêtres qu'on
léguerait, comme un dépôt sacré, à ses descendants.

A la révolution de 1793, M. Michel-Charles de Buisseret,
son fils, qui avait embrassé avec chaleur les funestes sentiments de l'époque, crut de son devoir de républicain de brûler
les titres, les notes et tous les papiers de la famille ; documents
qui nous auraient éclairé maintenant sur une foule de points.

Il nous reste un renseignement à fournir. La terre d'Helfaut,
dont MM. de Buisseret prenaient le titre de seigneurs, appartient aujourd'hui à la famille de Sainte-Aldegonde, du Pas-de-
Calais, qui s'est alliée autrefois aux de Buisseret, comme nous
l'avons indiqué plus haut.

Le nom de de Buisseret, ce nom si ancien, n'est pas encore
éteint. Il n'y a pas trois ans que nous lisions dans l'*Indica-*

teur de l'arrondissssement d'Hazebrouck, les lignes suivantes :
« Jeudi dernier, M. le comte de Buisseret sortit de son château
» de Briendonck avec son épouse pour se promener ; ils diri-
» gèrent leurs pas vers un champ appartenant au père de
» madame la comtesse et situé à Willebroek (bourg près de
» Malines). M. de Buisseret s'approcha de trois individus qui
» chassaient sur cette propriété et leur demanda qui les y
» avait autorisés. Aussitôt un des chasseurs s'écria : « Chien de
» Français, quand tu parleras flamand, je te répondrai.» Alors
» il prit son fusil par le canon et en asséna un coup dans le
» côté de M. de Buisseret, avec tant de violence qu'il le ren-
» versa dans un sillon. Madame de Buisseret, effrayée au der-
» nier point, appela au secours. La victime de ce guet-à-pens
» fut transportée au château, où on lui prodigua les soins les
» plus empressés. »

Tel est l'historique de la famille de Buisseret. Ce qui y
manque d'indications indispensables à sa clarté, se trouve ren-
seigné à l'arbre généalogique. Au surplus cette généalogie est
inséparable de l'historique qui, sans elle, ne peut être complet. Nous y avons ajouté le fac-simile des armoiries des de
Buisseret et de leurs alliances depuis Robert Ier, sire de Buisseret
et du grand Préau, jusqu'aux enfants du noble homme Philippe-
François-Joseph de Buisseret d'Helfaut. Ces armoiries sont
inscrites au cabinet de l'ordre du Saint-Esprit, et signées par
M. Charles d'Hozier, généalogiste de la maison de France,
conseiller du roi et garde de l'armorial-général du royaume.
Néanmoins, pour l'entière intelligence de l'arbre généalogique
et le complément de nos biographies, nous avons cru devoir
terminer le texte de cet ouvrage, par le tableau synoptique de
tous les descendants qui composent la ligne directe des de
Buisseret, depuis le premier de ce nom, avec leurs alliances,
jusqu'à la mère de M. de Cornemont-Le Roy, notre beau-père.

---

*Du 24 septembre 1842, n° 494.

ALLIANCES		ARMOIRIES.
ROBERT Ier DE BUISSERET.	BÉATRIX CAÜCHON DE LERY.	NUMÉRO 1.
GUY Ier DE BUISSERET.	ALIX DE VANDIÈRES.	NUMÉRO 2.
GUY IIme DE BUISSERET.	JOLANDE DE LÉNIERS.	NUMÉRO 3.
ROBERT IIme DE BUISSERET.	ÉLÉONORE DE BRIANCOURT.	NUMÉROS 4 ET 5.
ÉTIENNE DE BUISSERET.	JEANNE DE NOYELLE.	NUMÉRO 6.
JEAN Ier DE BUISSERET.	MARGUERITE DE GLIMES.	NUMÉRO 7.
COLLART DE BUISSERET.	JEANNE DE GUESQUIÈRES.	NUMÉRO 12.
QUENTIN DE BUISSERET.	WAUDRU DUMONT.	NUMÉRO 14.
JEAN IIme DE BUISSERET.	N. GÉRARD.	NUMÉRO 15.
DAVID DE BUISSERET.	AMALBERGE DE MONISSART.	NUMÉRO 25.
PHILIPPE-FRANÇOIS DE BUISSERET.	BARBE-THÉRÈSE-FRANÇ^{se} DRIÉMAN.	NUMÉRO 30.
PHILIPPE-FRANÇ^s-JOSEPH DE BUISSERET.	MARIE-MADELEINE DUMONT DE GAGE.	NUMÉRO 31.
ROSALIE-MADELEINE DE BUISSERET.	JEAN-ANTOINE DE CORNEMONT.	NUMÉRO 33.

Biographie des de Cornemont.

BIOGRAPHIE

DES

DE CORNEMONT.

M. Denis de Cornemont, d'origine française et de naissance noble, entra assez jeune dans la carrière des armes. Après avoir rempli divers emplois dans les armées de Louis XIV, il reçut du maréchal duc de Humières, grand-maître et capitaine-général de l'artillerie de France, gouverneur du Hainaut, la charge de garde d'artillerie du château de la ville de Beaumont, suivant commission datée de Paris du 31 décembre 1692. Vers cette époque, il reçut la charge d'aide-major de la même ville, que monseigneur le maréchal Louis-François de Boufflers, pair de France, gouverneur de la Flandre, lui confirma le 4 novembre 1693. M. Denis de Cornemont cumulait ces deux emplois d'officiers supérieurs, sans qu'on lui en contestât le droit. Toutefois et afin de ne laisser aucun doute à ce sujet, le prince Louis-Auguste de Bourbon, grand-maître et capitaine-général de l'artillerie de France, délivra à Versailles, le 8 janvier 1695, à M. de Cornemont, une seconde commission de garde d'artillerie, qui se désignait alors aussi par l'expression de commissaire d'artillerie. On lui décerna bientôt, en récompense de ses nombreux et loyaux services, la charge de major de la ville de Beaumont, · qualité qui répond aujourd'hui à celle de commandant de place. C'est vers ce temps que, désirant être légalement autorisé à se servir des armoiries dont il était en possession, M. de Cornemont se pourvut près de MM. les commissaires-généraux du Conseil de France, députés sur ce fait. Examen fait de la requête et des pièces annexées, et paiement effectué des droits réglés par les tarifs et les arrêts, MM. les commissaires rendirent une ordonnance, en date du 6 juin 1698, par laquelle ils déclarèrent que les armoiries de Denis de Cornemont, commissaire d'artillerie, faisant la charge de major de la ville de Beaumont en Hainaut, étaient telles qu'il les avait adoptées. M. D'hozier en délivra le certificat le 26 du même mois. Ces armoiries figuraient un cheval qui se cabre, ainsi que nous en donnons le fac-simile à l'arbre généalogique, où elles sont indiquées sous le n° 33.

M. de Cornemont eut deux fils. L'un, s'étant adonné à l'état ecclésiastique, devint et mourut curé à Beaumont; l'autre, qui portait le même prénom que son père, obtint l'emploi de receveur des deniers imposés sur les communautés de la terre de Beaumont pour la maison d'Autriche, aux termes d'une commission octroyée à Namur, le 22 octobre 1711, par Maximilien-Emmanuel duc de Bavière, comte de Hainaut, etc.

Il épousa mademoiselle Marie-Madeleine-Joseph De Hon, de

noble et ancienne famille des Pays-Bas, et en eut, entre autres enfants, Jean-Antoine de Cornemont, auquel on donna les prénoms de M. l'abbé, son parrain. Devenue veuve, mademoiselle Dehon épousa M. Michel-Charles de Buisseret d'Helfaut, dont nous avons parlé à plusieurs reprises à la biographie qui précède. Elle lui survécut et mourut presque centenaire en 1807. Les années firent peu de ravages sur la personne de madame la douairière; elle resta bien et conserva sa raison et de la dignité jusqu'à la fin de ses jours, circonstance assez rare chez les vieillards.

Le jeune Jean-Antoine de Cornemont quitta à seize ans ses études (ainsi qu'il le dit lui-même dans une pétition à l'un des ministres de Napoléon) pour entrer en 1773, en qualité de cadet, au régiment de Kaunitz, infanterie de l'Autriche. Après deux ans et demi de service, il épousa mademoiselle Rosalie-Madeleine de Buisseret d'Helfaut, et quitta l'état militaire; il entra tout de suite dans les douanes.

Pendant le séjour de M. de Cornemont à Frisange, province de Luxembourg, comme receveur principal, un incident vint interrompre pour un instant la monotonie de la vie tranquille qu'on y menait. Louis-Philippe-Joseph duc d'Orléans, en retour d'un voyage en Belgique, fut forcé de s'arrêter à Frisange. Le manque d'auberge et de ressources de tout genre en ce village, jeta le prince dans le plus extrême embarras. M. de Cornemont, informé de cette circonstance, fit offrir à monseigneur son logement et un service complet de table. L'offre faite avec politesse, fut accueillie avec empressement par le prince, qui vint descendre aussitôt chez M. de Cornemont avec ses aides-de-camp et sa suite. Le jour même, le noble duc prit congé de son hôte en lui témoignant la plus sincère reconnaissance. Cet événement avait lieu à la fin de 1787. On ne se doutait pas alors que le prince, qui s'en retournait gaiement à sa terre de Villers-Cotterets, mourrait peu d'années après (1793) de la main du bourreau, victime des réactions de la révolution. Monseigneur d'Orléans était le père de Sa Majesté Louis-Philippe, actuellement assis sur le trône de France.

Au bout de quelques années et après avoir occupé un bureau plus important que celui de Frisange, M. de Cornemont parvint à l'emploi de receveur principal à Luxembourg.

Pendant le blocus de cette ville par l'armée française en 1794 et en 1795, M. de Cornemont fut nommé directeur de la Monnaie, par le feld-maréchal gouverneur autrichien baron de Bender. La ville étant épuisée de toute espèce de ressources pécuniaires, on fut obligé de battre de la monnaie obsidionale en argent et en cuivre. Les habitants aisés se soumirent spontanément, en cette triste occurrence, aux plus grands sacrifices. La nouvelle monnaie parut bientôt, grâce à l'intelligente activité de M. le directeur. Les pièces de cuivre, assez mal faites, représentent d'un côté trois unités dont deux séparées de la troisième par un écusson qui renferme un lion et que surmonte une couronne; de l'autre on lit: I sol 1795.* Tandis que M. de Cornemont se rendait utile dans l'intérieur de la place, son fils aîné concourait à sa défense en combattant dans les rangs du régiment de Bender.

La garnison ayant rendu les armes au vainqueur, le représentant français maintint M. de Cornemont dans son emploi de receveur principal.

Lors du reculement des douanes sur le bord du Rhin, il fut promu à l'état d'inspecteur avec résidence à Coblentz; et, après cinq ans de services difficiles dans un pays conquis, temps pendant lequel il avait su se concilier l'estime des autorités civiles et militaires, il fut envoyé à Ostende en la même qualité. Ses attributions s'étendaient sur le littoral pre-

---

*Je possède une de ces pièces dans ma collection de médailles. Celles en argent sont devenues très-rares.

nant des limites orientales de Blanckenberg, en Belgique, aux limites occidentales de Gravelines.

Devenu malade, il se fit conduire chez sa mère, à Mons, sa ville natale, où il mourut en 1805, à l'âge de 52 ans et 8 mois. Il attendait sa promotion de directeur des douanes.

Sa femme et huit enfants, dont deux filles et six fils, lui survécurent. Trois fils étaient placés dans les douanes, le cinquième attendait un emploi, et le dernier était mineur.

L'un d'eux, M. Maximilien-Joseph de Cornemont, admis dans les douanes le 22 décembre 1801, passa le 15 juillet 1807 à Dunkerque, où il reçut en 1812 la nomination de vérificateur. Le 21 septembre 1813, il épousa en cette ville mademoiselle Marie-Flore-Louise Le Roy, d'une ancienne et recommandable famille du pays.

A la restauration, M. de Cornemont, né d'un père belge, se pourvut près du gouvernement des Bourbons, et obtint sans difficulté une ordonnance royale, en date du 4 octobre 1814, par laquelle il fut admis à établir son domicile en France et à y jouir de tous les droits civils. Mais la loi du 14 octobre précitée ayant été promulguée, M. de Cornemont se vit dans l'obligation de se faire délivrer des lettres de déclaration de naturalité, qui lui furent octroyées par Sa Majesté Louis XVIII, le 21 janvier 1818, moyennant le paiement de droits assez élevés.

Biographie des Vernimmen.

BIOGRAPHIE

DES

VERNIMMEN.

Mademoiselle Marie-Flore-Louise Le Roy, mariée à M. Maximilien-Joseph de Cornemont, est :

Fille de M. François-Joseph Le Roy et de Mademoiselle Marie-Jeanne Vernimmen, mariés à Dunkerque le 13 mai 1776, et y décédés, savoir : le premier en 1791, âgé de 69 ans, et sa femme en 1813, à l'âge de 71 ans ;

Petite-fille de M. Louis-Jean Vernimmen, dénommé souvent et par erreur sous le simple prénom de Louis, et de Mademoiselle Marie-Jeanne Devinck, nés, mariés et décédés à Dunkerque ;

Et arrière-petite-fille de M. Jean-Baptiste-Ignace Vernimmen et de Mademoiselle Pétronille-Marie Van Peperzèle, décédés à Dunkerque.

En remontant on trouve que cette demoiselle était fille de M. Louis Van Peperzèle, échevin en cette ville, et nièce de M. Antoine Bovangel, écuyer, seigneur de la Preille, capitaine de vaisseau du roi, qui tous deux assistèrent, le 30 septembre 1697, à Dunkerque, à la célébration de son mariage avec M. Vernimmen, fils de M. Nicolas Vernimmen, qui était également témoin de cette union.

M. Nicolas Vernimmen était le contemporain et le proche parent de Mademoiselle Barbe Vernimmen qui, au rapport de M. Pierre Faulconnier,* fit établir, en 1647, à Dunkerque, rue de Bergues, une école pour l'entretien et l'instruction des pauvres filles orphelines, dans une maison qu'elle acheta à cet effet, en leur en abandonnant la propriété, suivant acte passé devant Mᶜ Vandewalle, notaire en cette ville, le 8 août 1658.** Mademoiselle Vernimmen, personne pieuse, issue d'une famille distinguée de ce pays, avait alors déjà formé de pareilles écoles dans les villes de Bruxelles, de Bourbourg et ailleurs.

Les ancêtres de Mademoiselle Le Roy, ainsi que leurs parents collatéraux de Dunkerque et de Bergues, y occupèrent les premières places de la magistrature, comme le justifient notamment les archives de ces deux villes et les calendriers du gouvernement de Flandre du dernier siècle.

Ainsi et pour ne citer qu'un exemple, nous dirons que M. Louis-Jean Vernimmen, aïeul de Madame de Cornemont-Le Roy, fut élu, en 1757, en qualité d'échevin, bourgmestre de

---

*Description historique de Dunkerque. Bruges, 1730. — Cette maison est celle sur la façade de laquelle on voit le millésime de 1636 et qui porte aujourd'hui le n° 11.

**L'expédition m'en a été communiquée par l'un des administrateurs de l'hospice civil de Dunkerque.

la ville et du territoire de Dunkerque. Cette charge, éminemment honorable, répondait aux fonctions de président de tribunal civil et de maire, de nos jours. En 1762, il cessa ces hautes fonctions pour reprendre celles de premier échevin, immédiatement au-dessous; mais en 1779, il fut réélu bourgmestre, dont il exerça la charge jusqu'en 1786, époque de sa mort, à l'âge de 81 ans et deux mois.

La vie de M. Vernimmen, vie active et laborieuse, se passa presque tout entière entre le travail du cabinet, les soins de l'administration municipale et les audiences du barreau. Après avoir fait ses humanités et sa philosophie au collége des Jésuites de Dunkerque, il étudia le droit romain et le droit coutumier. Il reçut ensuite le diplôme de licencié en droit. Admis comme avocat au barreau, il y parut bientôt comme magistrat.

M. Vernimmen prenait la qualification de Seigneur de Soutenay*, nom d'une terre avec une maison de plaisance dont il était le propriétaire, et où il allait parfois passer quelques jours, en compagnie de sa femme, de ses enfants et de ses petits-enfants.

Les lettres de noblesse avec les armoiries de la famille Vernimmen, sur parchemin, se trouvaient il y a peu d'années entre les mains de M. de Cornemont-Le Roy : elles sont actuellement adhirées sans qu'on sache comment cette disparution a pu avoir lieu.

Alors que M. Vernimmen était premier échevin, il fut l'un des délégués du magistrat qui posèrent la première pierre du couvent des Pères-Récollets, qu'on allait reconstruire sur l'emplacement de celui dont la fondation datait de 1438, au nord de l'église de ces révérends pères qui, rendue au culte catholique le 9 mai 1804, prit le nom de Saint-Jean-Baptiste.

Calendrier du Gouvernement de Flandres. Lille, 1778, page 296

Cette cérémonie eut lieu avec beaucoup de solennité dans la matinée du 22 avril 1754. Le 12 mai 1772, le magistrat, dont M. Vernimmen n'avait cessé de faire partie, assista à la pose des premières pierres pour la reconstruction de l'église même des Récollets,* telle que nous la voyons maintenant, moins l'annexe au nord commencée en 1841 et finie en 1844.

Dans la grande salle d'audience de la mairie de Dunkerque, on remarque un tableau peint à l'huile par Truyt, représentant une distribution de prix de dessin que préside M. le bourgmestre Vernimmen, debout, en habit de soie blanche, l'épée au côté, tenant à la main une médaille et entouré de MM. les échevins, de M. le curé de la paroisse et d'autres autorités. Le portrait de M. Vernimmen y est d'une ressemblance frappante. A gauche du tableau on voit, sur le premier plan, le professeur de dessin assis à une table, appelant les jeunes lauréats ; et, dans le fond, de nombreux spectateurs.

Par l'examen des actes de l'état-civil de la famille de madame de Cornemont-Le Roy et par les renseignements que nous avons recueillis, nous avons acquis la conviction que les membres de cette famille parviennent généralement à un âge fort avancé. Du fond de notre cœur, nous prions Dieu de réaliser encore cette vérité en faveur de l'aïeule de nos enfants.

Il existe six enfants du mariage de M. de Cornemont et de mademoiselle Leroy, dont voici la nomenclature :

1° M. Maximilien-Antoine-Louis de Cornemont, né en 1814, employé des douanes depuis 1835.

2° Madame Rosalie-Marie-Flore de Cornemont, née en 1817, mariée, en 1839, à l'auteur de cette notice.

3° Madame Henriette-Clémence de Cornemont, née en 1822,

---

*Nous avons puisé une grande partie de ces renseignements dans un petit manuscrit d'un père Récollet, sans date, que nous possédons.

religieuse à l'établissement du Sacré-Cœur, à Lille. Reçue postulante dans cette maison le 15 août 1842, jour de l'Assomption, elle y a pris le voile blanc le 21 novembre suivant, à l'occasion de la fête de la Présentation de la Vierge. Après avoir passé son noviciat de deux ans d'abord à Lille, puis à l'établissement de Conflans, près de Paris, elle y a prononcé ses vœux à sa grande joie, le jour encore de la fête de la Présentation de la Vierge. Rappelée à Lille, elle y jouit depuis lors de toute la plénitude du bonheur, en partageant son temps entre les saints devoirs de la religion et l'éducation de jeunes demoiselles ; mission bien belle sur la terre !

4° Mademoiselle Emma-Sophie de Cornemont, née en 1824.

5° Mademoiselle Mathilde-Anne-Constance de Cornemont, née en 1827.

Et 6° Alphonse-Auguste de Cornemont, né en 1830.

Un mot sur mes enfants :

Raymond-Maximilien est né le 24 juillet 1840 ; il eut pour parrain son aïeul maternel et pour marraine ma sœur utérine, Mademoiselle Marie-Isabelle-Françoise Hallemès.

Edouard-Constantin est né le 18 novembre 1843 ; il eut pour marraine son aïeule maternelle et pour parrain son cousin, M. Louis-Henri-Constantin Vaillant, notaire à Dunkerque.

OBSERVATIONS D'UN INTÉRÊT GÉNÉRAL.

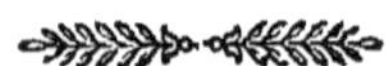

Les lectures que nous a nécessitées la rédaction de notre notice, nous avaient laissé momentanément dans le doute sur la véritable orthographe du nom des de Buisseret, mais les signatures ainsi écrites au bas de quelques lettres et de plusieurs actes, le nom imprimé avec ou sans *de*, dans divers livres et journaux, l'emploi du *de* dans les notes généalogiques que nous possédions, nous ont décidé à conserver la particule.

Dans les sept pièces émanant des chefs de gouvernements et qui sont rappelées dans le cours de la biographie des de Cornemont, le nom de famille se trouve constamment accompagné de la particule. Il paraîtrait que M. de Cornemont-de Buisseret l'avait abandonnée. Ce qui se justifie par les actes de l'état-civil et les actes notariés et autres qui nous ont passé par les mains. Quoi qu'il en soit, presque tous les membres de la famille signent de Cornemont, soit qu'ils s'autorisent de l'orthographe primitive du nom, soit qu'ils aient obtenu un jugement de rectification d'erreur.

Nous devons une justification et nous déclarons, en conséquence, que l'arbre généalogique a été dressé par nous d'après les notes, les pièces et les actes authentiques conservés dans la famille, les recherches que nous avons faites sur les registres de l'état-civil de Dunkerque, l'*Histoire de Mons* par M. de Boussu, la biographie de cet auteur par M. Delmotte, la *Flandre Illustrée*, ouvrage de M. Jean de Seur, et surtout d'après trois tableaux généalogiques établis à la suite d'un partage, passé devant les hommes du fief du pays et du comté de Hainaut, à Mons, le 19 septembre 1788, de la succession de M. Louis-Ferdinand Mainsent, receveur-général du Hainaut, dont les de Buisseret ont hérité de partie des biens qui se trouvaient sous la saisie de l'autorité du conseil souverain de Mons.

Nous ajoutons que les armoiries figurées en tête du tableau, ont été dessinées par M. de Cornemont-Le Roy, notre beau-père.

Nous avons formé l'arbre généalogique de telle sorte que la distribution géométrique des premiers noms, représente, de la manière la plus heureuse, le symbole du christianisme. Le Rédempteur du monde semble protéger ainsi de toute sa puissance divine les descendants des sires de Buisseret et leurs alliés.

La religion n'a, du reste, jamais failli dans la famille. L'exemple de la pieuse carrière de François de Buisseret a produit sur ses parents, jusqu'à nos jours même, les résultats les plus satisfaisants.

FIN.

www.ingramcontent.com/pod-product-compliance
Lightning Source LLC
Chambersburg PA
CBHW051142050726
47594CB00003B/1213